DIE KLEINE KOMISCHE BIBLIOTHEK

BAND 3

Neuausgabe

Umschlag: Greser-Lenz, Frankfurt / Main
Gestaltung und Satz: Anna Meyer
Druck und Bindung: Kösel GmbH, Krugzell
ISBN 978-3-0369-5247-5

www.keinundaber.ch

Gerhard Polt

Heute wegen Tod geschlossen

Dialoge von A nach B

Zeichnungen von Greser-Lenz

Kein & Aber

Inhalt

Öha

A: Jetzt hab ich's!

B: Was haben Sie?

A: Ja, jetzt weiß ich's! Das Heureka ist eine Art Erleuchtung, die blitzschnell vor sich geht. Es stammt von den Göttern und entspricht dem deutschen Aha.

B: Ach so …

A: Das Heureka ist jedoch bereits eine Erkenntnis, während das Aha erst der Anfang eines Erkenntnisprozesses ist.

B: Sapperlot!

A: Das bayrische Öha ist ein Erkennen auf niedrigeren Touren. Ein Wahrnehmen ohne Blitz, ein dem Dämmern ähnlicher Vorgang.

B: Sakrament!

A: Das Heureka findet zumeist beim Genie statt, dem das Öha zu langsam geht. Die Genies stehen nämlich meistens unter Zeitdruck und haben für ein Öha keine Geduld.

B: Ahaaa! Ja! Jetzt weiß ich, worauf Sie hinauswollen.

Deutsche Frage

A: Ja, wo is' er denn?

B: Wer? Ach so…

A: Na ja, der Hund. Eine der ältesten Fragen, die den Deutschen bewegen, geht an den Hund. Die Frage lautet: »Ja, wo is' er denn?« Nachdem der Hund aber die Frage noch nie befriedigend beantwortet hat, beantwortet sie der Deutsche selbst. Und sagt: »Ja, da is' er ja.« Ich erwähne diese Fragestellung nur deshalb, weil es für mich nicht denkbar ist, daß der Engländer zum Beispiel dem Hund die Frage stellt: »*Where is he?*«, um anschließend, nachdem keine Antwort erfolgte, zu sagen: »*He is here.*«

B: *That's correct…*

Wer zahlt's?

A: Ich hab es satt!

B: Was?

A: Ich meine, es ist klar, wir Deutsche zahlen und zahlen, aber irgendwo – oder?

B: Genau!

A: Mit meinen Steuern! Ich muss es ja auch erst mal verdienen, aber …

B: Verrückt!

A: Gut, die Wiedervereinigung – klar, dass das was kostet, war klar! Aber …

B: Bosnien …

A: Sicher, aber Albanien, Kosovo – was soll ich denn noch bezahlen?

B: Der Umzug nach Berlin!

A: Langsam langt's mir! Jetzt heißt's, Südamerika ist pleite. Jetzt soll ich das auch noch bezahlen! Oder?

B: Afrika!

A: Na ja, die kriegen von mir keinen Pfennig mehr!

B: Asien?

A: Null–null Mark!

B: In Italien wurde–äh …

A: Italien?! Hören Sie auf! Die leben ausschließlich von mir. Und warum? Nur weil ich ein Europäer bin!

B: Und sonst?

A: Was sonst?

B: Ich meine–schauen Sie sich die Sonnenfinsternis an?

A: Entschuldigen Sie, wo leben wir denn? Ich soll die halbe Welt ernähren–und mir dann noch eine Sonnenfinsternis anschaun?

B: Aber das ist ein einmaliges Ereignis!

A: Blödsinn! Ich frage mich – wer braucht schon eine Sonnenfinsternis? Sie vielleicht?

B: Aber die Sonnenfinsternis …

A: … ist ein Trick!

B: Sie meinen …

A: Wir sollen zahlen! Darum geht's – Scheißsonnenfinsternis!

B: Sie haben recht! Die Sonnenfinsternis ist nur der Anfang!!!

Adveniat

A: Und – Sie haben sich selbst angezeigt?

B: Freilich – ich habe einen Adventskoller bekommen.

A: Oje …

B: Ja, ich bin gleich zur Polizei, als ich erfahren hab, dass meine Kinder als falsche Sternsinger entlarvt wurden.

A: Die sind doch noch minderjährig, oder?

B: Eben. Sie haben sich als Sternsinger illegal – ohne Genehmigung einer kirchlichen Behörde – als solche verkleidet, haben die Leute durch Absingen von Adventsliedern sentimentalisiert und haben Geschenke angenommen. Aber die Polizei hat bei ihrer Verhaftung alles konfisziert.

A: Die ganze Beute?

B: Ja sicher: 14 Mandarinen, über ein halbes Pfund Nüsse, vier Blutorangen und Bargeld in Höhe von 14,32 DM.

A: Ui, ui, ui …

B: Dann blieb mir aber auch nichts mehr anderes übrig, als mich selbst zu stellen.

A: Autodenunziation!

B: Richtig. Ich habe seit 17 Jahren illegal als Nikolaus ohne Steuernummer, ohne Betriebserlaubnis, TÜV et cetera, und auch ohne Gesundheitskontrolle – bin nie zum Gesundheitsamt – mich als heiliger Mann ausgegeben. Sämtliche Einkünfte am Fiskus vorbei – Sie verstehen – und vor allem einen Krampus, also den schwarzen Mann, für mich arbeiten lassen – und somit Schwarzarbeit begünstigt. Ich hoffe aber auf eine Bewährungsstrafe, und sollte ich einsitzen müssen, wäre es mein innigster Wunsch, bis Weihnachten wieder

daheim zu sein. Ich werde auch als Buße einen vollen Zentner Lebkuchen für einen karitativen Zweck spenden – ans Finanzamt.

A: Ans Finanzamt?

B: Wohin sonst?

A: Ich drücke Ihnen den Daumen. Und frohes Fest.

B: Ihnen auch. Vergelt's Gott.

5:45 Uhr

A: Und?

B: Unglaublich – ungeheuer …

A: Wer?

B: Der Kormoran …

A: Wieso?

B: Der Kormoran ist schamlos – ungeheuer …

A: Der Kormoran – Sie meinen das Geflügel?

B: Genau. Nützt alles aus. Da gibt man ihm den kleinen Finger – zwei Monate Schonzeit –, da nimmt er gleich die ganze Hand.

A: Ja, der Kormoran ist kein Reiher …

B: Genau. Hiermit wird dem Kormoran der Krieg erklärt. Ab 5:45 Uhr wird zurückgeschossen.

Dilemma

A: Das Wort »Bankfilialdirektor« klingt gut, aber …

B: Aber?

A: Aber – ja – ich soll Kredite verkaufen!

B: Und?

A: Eben! Aber die, die wirklich einen Kredit brauchen, weil sie …

B: … ihn brauchen.

A: Eben! Also, nicht nur aus finanztechnischen Gründen, sondern zum …

B: Verstanden. Halt die, die Geld brauchen – äh – benötigen, weil sie keins – äh …

A: Eben! Denen einen Kredit zu geben – ist immer Harakiri, verstehen Sie?

B: Und die Konsequenz?

A: Ich versuche an die Leute Geld zu verkaufen, die eigentlich keins brauchen.

B: Und wenn die abwinken?

A: Dann verfüge ich über Geld …

B: Und?

A: Und? – Ich wollte eigentlich immer schon ursprünglich Schauspieler werden.

Spritztour

A: Der Herr Neu…

B: Nieder…

A: Neumaier.

B: Nieder… äh…

A: Ostermagen!

B: Nein, Neumeister.

A: Ja, traurig.

B: Wahnsinn – weil jetzt ist das Haus fertig, und sein Schlafzimmer ist oben…

A: Im ersten Stock?

B: Nein, Galerie…

A: Galerie…

B: Er schläft auf der Galerie, weil er unten nicht schläft…

B: Er will rauf…

A: Genau, aber er schafft's nicht mehr…

B: Mit dem Fuß…

A: Ja, mit dem einen Fuß – mit dem anderen schon, aber …

B: Mit einem allein, aber …

A: Genau, und deshalb hat er anfänglich, damit er hinaufkommt, eine Spritze gekriegt.

B: Eine Spritze – vom Arzt …

A: Ja sicher, aber mit einer Spritze allein war's nicht getan, weil er muß ja, wenn er schlafen will …

B: Nicht nur hinauf, sondern auch …

A: … wieder runter, genau, und mit einer Spritze am Tag hat er's nicht geschafft, dann hat er sich zwei geben lassen …

B: Ja, aber dann schlaf ich halt unten, wenn es so ist.

A: Nein, er kriegt jetzt noch eine Spritze verpasst vom Dr. Pöschl.

B: Drei schon – am Tag?

A: Genau, aber jetzt hat er doch angefangen zu rechnen …

B: Drei Spritzen am Tag – das kostet ein Vermögen …

A: Eben …

B: Und?

A: Er lässt sich einen Lift installieren. Der Neumeister sagt: Für das Geld ist leicht ein Lift drin, und mit dem kann er dann, so oft er will, in sein Schlafzimmer …

B: Sicher, sagenhaft, und mit den Spritzen, die er nicht braucht, finanziert er sich den Lift. War die Idee von ihm?

A: Nein.

B: Vom Dr. Pöschl?

A: Nein, nein – der baut sich doch ein neues Haus. Die Idee war von mir.

B: Super!

Die Wahrscheinlichkeit der Wahrheit

A: Und?

B: Ja, danke – freilich …

A: Haben Sie den Film *Schindlers Liste* gesehen?

B: Ja …

A: Und?

B: Na ja, grausam …

A: Jetzt will ich Ihnen etwas sagen …

B: Ja?

A: Alles erstunken und erlogen!

B: Wieso?

A: Ich war selber dabei – in Ludwigsburg. Wir haben die Junkers …

B: Den Flieger?

A: Ja, genau – gearbeitet. Natürlich mussten sie arbeiten – das mussten wir alle …

B: Das kann ich mir vorstellen …

A: Aber klar, die kamen von überall her. Juden – Polacken, alles mögliche.

B: Zum Arbeiten?

A: Klar, was sonst. Mir waren schließlich im Krieg.

B: Und was hat das mit dem Schindler zu tun?

A: Ja, eben. Glauben Sie, wir hätten diese Leute erschossen? Nie – weil wir haben sie ja zum Arbeiten gebraucht. Es war schon genug schwer, wenn einer – sagen wir mal – ausgefallen ist, einen Ersatz zu kriegen …

B: Hm – äh?!

A: Verstehen Sie – die brauchten wir zur Produktion, und wen man braucht, den erschießt man doch nicht …

B: Hm – äh – hm?!

A: Da sehen Sie den Unterschied zwischen Film und Realität.

B: …?!

Jubiläum

A: Und, weißt' schon?

B: Was is'?

A: Heut is' a Jubiläum.

B: Was für a Jubiläum?

A: Ja, weißt denn du das nicht, schaust du denn nicht fern?

B: Freilich schau ich fern.

A: Ja, dann musst du doch wissen, dass heute a Jubiläum ist.

B: Was für a Jubiläum?

A: Ja, der Holocaust. Es ist jetzt fuffzig Jahre her, wo mir die Juden vergast haben.

B: A geh – ist des schon wieder so lang her!

München – Frankfurt

A: Und?

B: Nichts und. München–Frankfurt zwei Stunden fünfundzwanzig Minuten! Natürlich. Klar. 280 km/h. Sicher, ich belaste die Natur. Hart, aber kurz. Aber die Natur kennt doch auch kein Erbarmen. Die Natur entzieht sich doch jeglicher Verantwortung! Die kennt doch nicht einmal einen Kat! Ich frage Sie: Was bin ich gegen einen Vulkanausbruch?

Prophylaxe

A: Der Fritz, der studiert jetzt Betriebswirtschaft …

B: Aha! Interessiert er sich für Wirtschaft?

A: Nein, ich glaub – weniger. Er wollte halt irgendetwas studieren.

B: Aha! Betriebswirtschaft!

A: Ja, irgendein Studium – ist nie schlecht.

B: Genau – und was interessiert ihn sonst noch?

A: Na ja – er war eine Woche in – äh – na ja, da unten – Dominikanische Republik, glaub ich …

B: Drüben?!

A: Ja, doch – drüben …

B: Und nach dem Studium?

A: Ja, vielleicht trifft er irgendwelche Leute? Heute gibt's ja viele Möglichkeiten!

B: Er kann ja auch vielleicht in Frührente gehen und ganz was anderes machen.

A: Eben! Heute stehen einem jungen Menschen doch alle Tore offen!

Vor und am Ort

A: Und?

B: Wie und?

A: Ja und?

B: Warum und?

A: Ja, weil–äh–waren Sie gestern vor Ort?

B: Wo?

A: Ja, vor Ort?

B: Nein.

A: Nein?

B: Nein!

A: Sie waren nicht vor Ort?

B: Nein, aber ich war da.

A: Na also!

B: Wieso na also?

A: Sie waren also vor Ort?

B: Nein.

A: Aber Sie haben doch gerade …

B: Nein! Ich war direkt anwesend.

A: Eben! VOR ORT!

B: Blödsinn! Ich war da! Am Ort!

A: Ja, sag ich doch!

B: Am!!! Ich war AM Ort!!! Nicht vor!

A: Ha, ha – VOR heißt AM.

B: Seit wann?

A: Seit der neuen Denkreform, ha, ha.

B: Wissen Sie was?

A: Was?

B: Lecken Sie mich VOR Arsch!

Mittelalter lernen

A: Darf der Rudi jetzt mitkommen zum Spielen?

B: Nein. Der muss noch lernen.

A: Was?

B: Das Mittelalter.

A: Das ganze?

B: Genau! Das ganze Mittelalter! Morgen muss er's können.

A: Das Mittelalter sind aber bloß neun Seiten.

B: Kann sein, aber die Kreuzzüge muss er auch noch – und die Päpste!

A: Ach so, die auch. Und die französische Revolution?

B: Die noch nicht. Jedenfalls noch nicht bis morgen.

A: Gott sei Dank! Die kommt aber bestimmt auch noch daher.

Alles in Butter

A: Haben Sie gestern ferngeschaut?

B: Ja. Wieso? Selbstverständlich!

A: Im Zweiten!

B: Was?

A: Toll, die brachten eine Linsensuppe, spanische Art, mit Sherry und – Ding – wirklich super!

B: Nein, habe ich nicht, leider. Aber meine Fischsuppe im Ersten war auch nicht schlecht. Übrigens, der Sauerbraten gestern Abend auf SAT1 wird wiederholt!

A: Na ja, den find ich nicht so – äh – aber die Serie im RTL, *Alles ist Gulasch,* die ist toll gemacht, finden Sie nicht auch? Weil die bringen nicht nur Gulasch, sondern auch Hintergründe.
Majoran – und auch Lauch! Und so …

B: Stimmt. Trotzdem werde ich mich jetzt bald einmal beschweren. Nirgendwo sieht man

Das Rezept ist von Alfredissimo

mehr einen guten alten Semmelschmarrn oder auch bloß amal einen Wurstsalat. Das könntens doch wirklich bringen!

A: Da haben Sie vollkommen recht. Mir fällt ein – wissen Sie schon, dass die Mehlspeisengala *Alles in Butter* vom Donnerstag im B3 jetzt schon um 19 Uhr gesendet wird?

B: Ja, warum?

A: Wer soll denn da zuschaun? Da kommen doch die Nachrichten!

B: Na ja, das sind doch die Nachrichten!– wissen Sie schon, dass die Mehlspeisengala *Alles in Butter* vom Donnerstag im B3 jetzt schon um 19 Uhr gesendet wird?

B: Ja, warum?

A: Wer soll denn da zuschaun? Da kommen doch die Nachrichten!

B: Na ja, das sind doch die Nachrichten!

Präkonditionen

A: Diese – diese – quasi entmathematisierte – oder?

B: Doch!

A: ... ist per se völlig aus der Luft ...

B: Die Präkonditionen – äh ...

A: Was hat denn – oder besser: Wer steht denn hinter dieser Inszenierung?

B: Primär sind es die Präkonditionen ...

A: Was für eine ad absurdum geführte sogenannte Transparenz! Wo doch jeder sieht, dass hier eine Gleichung – sagen wir ...

B: Ja sicher, die Präkonditionen waren nicht – äh ...

A: ... ein Proporzzwang, der – und ich halte ja diesen Dr. Übelbier für den Marionettenzieher.

B: Die Voraussetzungen waren auch substanziell ...

A: Eine Schmiere im wahrsten Sinne. Die aber verkauft wird!

B: Gleich muss ich lachen …

A: Eine Serie von Eigentoren, die …

B: Da muss ich wirklich lachen!

A: Wieso?

B: Der Dr. Übelbier! Ha, ha!

A: Aber die Akzeptanz vieler, die das Ganze observiert haben, wird …

B: Ein Wahnsinn!

A: Was?

B: Der Übelbier, hi, hi!

A: … durch das Gesamtbild …

B: Ein saublöder Hund!

A: … die ganze Struktur! Wo ist da bitte die Struktur? Die Präliminarien…

B: Ein wirkliches Arschloch!

A: … irgendeine Perspektive? Oder auch nur ein einziger Aspekt!

B: Ein Kriecher!

A: Schon der Eingangsmodus – der eigentlich verabredet war!

B: Ein ganz mieser Schleimer!

A: Bitte?

B: Genau!

A: Schön – also ich muss jetzt gehen. Aber ich würde sagen, halten wir diesen Punkt fest!

B: Welchen Punkt? Na ja, wie Sie meinen!

A: Den Dr. Übelbier!

B: Auch! Also dann bis morgen!

A ohne B

Ich bin ein Pazifist. Ich bin gegen den Krieg. Aber wenn einer von diesen Ausländern da meine Enkelin auch nur anrührt, den schieße ich über den Haufen, so was hat der noch nicht erlebt.

Ein Zetteli – A Message

A: Und?

B: Ja, gehen Sie mit zur Trauerfeier – im Brunnhof?

A: Ja, da isst man sehr gut. Aber warum Trauer?

B: Na ja, der Ignaz Scherr.

A: Der Kurzwarenhändler?

B: Genau. Er hat der Maria einen Zettel geschrieben.

A: Der Maria?

B: Ja. »Bitte, liebe Maria, erschrick nicht, aber ich hänge im Kammerl.«

A: Und?

B: Ja, da hing er …

A: Und die Maria?

B: Ja, die Maria hat dann den Zettel umgedreht und draufgeschrieben: »Heute wegen Tod geschlossen«.

Religionsaustausch – Fußgängerzone 11:32 Uhr

A: Man muss Sinde bekenne und sagst: Ja, ich hab's falsch gemacht und Gebote gesundigt, weil sonst ist Paradies kein Möglichkeit.

B: Warum aber fahrt dann der Papst überallhin? Jetzt war er schon wieder wo…

A: Du musst erkenne jetzt die Möglichkeit zum Umkehr – weil – wie lange soll wir warten?

B: Schmarrn! Der Papst! Und wo war denn die Kirche, egal welche – auch die Mohammedaner und Buddhisten – oder?

A: Gott bestraft nicht so, nur weil bestrafe will – er will nicht, aber der Mensch kann gehorche oder nicht, da steht geschriebe…

B: Geschrieben – ha! Die ham viel geschrieben und dann – mir wissen im Grund wenig, verstehst? Eigentlich nichts, weil – wenn wir was wüssten, bräuchten wir keinen Papst.

plus
Bäckerei
Schorn
Bitte Abstand halten
Ablasswochen
jetzt!
Ablass & Sündentilgung
statt DM 12 99
jetzt DM 4 99

A: Du hast Auge – kannst schaue und nicht nur – aber kannst höre, wenn du die Wahrheit willst, dann komm – und Gott gibt dir die Hand.

B: Und jetzt? Albanien – oder die Kriege? Der Mensch ist ein Tier – das müssen wir lernen, aber – irgendwann ist Schluss. Außerdem such ich Tennisschuhe und brauch jetzt keinen Gott.

Schweden

A: Tunesien, 634 Mark.

B: Das lasse ich mir eingehen! Wir hatten Costa Rica, 590 Mark.

A: Mit allem?

B: Ja, mit allem.

A: Tunesien war auch mit allem?

B: Letztes Jahr – Kuba …

A: Ich weiß – 480 Mark.

B: Nein! 400! 400 Mark! Mit allem Pipapo!

A: Wahnsinn!

B: Aber Sie werden's nicht glauben.

A: Was?

B: Bulgarien! 280!

A: Und alles drin?

B: Und ob! Darauf können Sie sich verlassen!

A: Das darf doch nicht wahr sein!

B: Jetzt kommt's erst richtig!

A: Lassen Sie's raus!

B: Der Dr. Döbel.

A: …

B: Schweden!

A: Und?

B: 5000.

A: Mit oder ohne?

B: Ohne irgendwas!

A: Einfach nur Schweden?

B: Nur Schweden, sonst nichts!

A: Typisch Dr. Döbel.

Shakespeare

A: Und? Wie war's?

B: Der Shakespeare gestern – doch – irgendwie, aber …

A: Wie aber?

B: Na ja, vom Preis-Leistungs-Verhältnis ist das doch irgendwie – schwierig.

A: Warum?

B: Na ja, so viele Schauspieler – die ganzen Kulissen, der Aufwand – wer zahlt denn das?

A: Ja!

B: Der Shakespeare war schon eine gute Kraft, aber vom Preis-Leistungs-Verhältnis – heutzutage –, da brauchen wir andere Leute.

A: Ja, ich sage auch: Ein Monolog ohne irgendwas kommt wesentlich günstiger.

Italien

A: Und? Sie fahren nach Italien?

B: Ja, zuerst nach Rom und dann Neapel.

A: Neapel! Sind Sie wahnsinnig?

B: Ich weiß! Aber was will ich machen – meine Frau will. Und außerdem, dieses Pompeji …

A: Haben Sie wenigstens eine Waffe bei sich?

B: Sicher, ich habe einen Spray.

A: Spray? Wahnsinn, das genügt doch nicht! Spray! Wenn die Sie überfallen, dann haben die eine Kalaschnikow!

B: Sicher, der Spray ist nur gegen die Kinder gedacht, weil die…

A: Genau, die gehen raffiniert vor! Wenn die Ihnen ein Kind auf den Hals schicken – sofort schauen, ob ein Carabiniere in der Nähe ist!

B: Sowieso, wir haben unsere Sachen unter Kontrolle.

A: Die Geldbörse?

B: … haben wir mit einem Sensor ausgerüstet. Das geht via Satellit.

A: Verstehe.

B: Wenn einer die Tasche wegreißt, mit dem Geldbeutel, ist da eine Rückkoppelung da, das geht über Berlin, und dann geht das sofort an die Polizei …

A: In Berlin?

B: Sicher, aber von dort direkt über Rom nach Neapel!

A: Glauben Sie, daß die in Neapel eingreifen?

B: Nein, das nicht, aber wenn die Geldtasche …

A: Sie meinen, man kann dann verfolgen, wo das ist?

B: Genau! Selbst wenn sie das Auto klauen …

A: … und in die Mongolei verschleppen.

B: Ich weiß immer, wo es ist!

A: Toll!

B: Außerdem, beim Auto weiß ich einen Trick.

A: Welchen?

B: Unverschämt parken.

A: Wie?

B: Ganz einfach irgendwo hinstellen! Vor der Polizeistation oder mitten auf die Straße.

A: Wie? Alles blockieren?

B: So ist es! Das fällt auf! Dann holt irgendjemand die Polizei, um es abzuschleppen.

A: Und wenn es wirklich abgeschleppt wird?

B: Dann weiß ich wenigstens, dieses Auto ist so lange wirklich bewacht.

A: Sie sind vielleicht ein gerissener Hund!

B: Was will man heute machen? Anders kann man heute nicht mehr verreisen!

A: Vor allem nicht nach Neapel!

Morgen-Promi

Radiomoderator und Promi

RM: Schön, dass wir Sie antreffen!

P: Wie? Was ist? Ist es nicht noch sehr früh?

RM: Genau! Ha, ha. Deshalb erwischen wir Sie ja auch, ha, ha! – Wir brauchen ein Statement!

P: Waaas?

RM: Egal, für unsere Hörer! Sie sind doch ein Promi!

P: Aber – ich weiß nicht – über wie – oder was?

RM: Sie hören noch ein paar Takte Musik, und dann geht's los!

P: Aber ...?! Verdammt!

(Musik)

RM: Wir begrüßen jetzt unseren ersten Morgen-Promi! Guten Morgen! Also dann! Was erzählen Sie uns Schönes?

P: Äh – ja – bin ich auf Sendung?

RM: Ja, natürlich! Noch müde! Noch müde, stimmt's?

P: Ja.

RM: Toll, toll – und?

P: Wie und?

RM: Und? Frühstück?

P: Ja.

RM: Wir haben's gewusst! Ha, ha!

P: Was?!

RM: Vielen Dank. Jetzt wissen wir mehr.

P: Was?!

RM: Toll! Vielen Dank! Sie waren toll! So, und nach diesem Statement wieder Musik. Es ist jetzt 5:33 Uhr, und gleich haben wir wieder einen Promi, liebe Hörer.

Prozente

A: Also, die Wühlmausschockanlage hab ich für 1250 Euro erworben!

B: Und?

A: Alles elektronisch! Ich stelle die Maschine ein – und dann geht's los!

B: Was los?

A: Na ja, eine Art Minierdbeben in unvorhersehbaren Abständen.

B: Und die Wühlmäuse?

A: Weiß nicht.

B: Wie? Warum?

A: Ja, ich habe ja keine Wühlmäuse – aber damit eben keine kommen!

B: Präventiv!

A: Genau! Weil ich habe einen Rasen. Und jetzt kauf ich mir eine Taubenverscheuchmaschine.

B: Auch präventiv?

A: Freilich! Weil jetzt krieg ich noch 30 Prozent! Und wenn einmal ein Taubenproblem da wäre, das kriegen die immer gleich spitz, dann ist's mit den Prozenten vorbei.

B: Wenn aber erst gar keine Taubenplage entsteht?

A: Schön! Das ist unwahrscheinlich! Jedenfalls – so oder so –, die 30 Prozent macht mir keiner mehr streitig!

B: Ja – aber …

A: Dass eine 100-prozentige Taubenplage entsteht, ist tatsächlich nicht soo wahrscheinlich, aber – eine 70-prozentige ist durchaus im Bereich des Möglichen. Und wenn ich noch 3 Prozent Skonto kriege, ist die Wahrscheinlichkeit noch größer!

B: Ja – ah – aha! So hab ich das auch noch nicht betrachtet!

A: Dann wird's aber Zeit!

Herr Amtmann

A: Ich hätte gerne den Herrn Amtmann V. gesprochen.

B: Den Herrn Amtmann V.?

A: Ja, ich hab schon zweimal angerufen, und man hat mir gesagt, heute – also jetzt – wär's günstig.

B: Wer sagt denn so einen Blödsinn?

A: Ich weiß nicht – äh – von Ihnen jemand.

B: Also heute ist es unmöglich.

A: Und morgen?

B: Morgen nein, da ist er in einer Sitzung, und dann – äh – geht's auch nicht.

A: Vielleicht am Montag? Ich wollte unbedingt Herrn Amtmann – äh – sprechen, weil …

B: Montag? Ist völlig ausgeschlossen …

A: Oder Dienstag?

B: Am Dienstag ist er außer Haus …

A: Oder Mittwoch ginge bei mir sehr gut, da könnte ich auch kommen.

B: Mittwoch – Mittwoch, sehr unwahrscheinlich, weil da hat einer in der Abteilung Geburtstag, und – äh – dann geht's auch nicht.

A: Ja, dann komme ich am Freitag.

B: Freitag – unmöglich!

A: Warum?

B: Freitag? Am Freitag geht's unter keinen Umständen!

A: Warum?

B: Ja, am Donnerstag ist doch Feiertag!

A: Ach so, ja – jedenfalls besten Dank.

B: Gern geschehen.

Danke, daß ich nur 3 Stunden auf der Paßstelle warten mußte.
Maria hat geholfen! Danke

Bahli, Balli – Bali

A: Servus!

B: Ja – ah – Servus!

A: Ja, Mensch – ha!

B: Ja …

A: Und? Was is' im – Busch?

B: Mei! Nix – eigentlich.

A: Gar nix?

B: Schon!

A: Was?

B: Na ja …

A: Hast' a neues Auto?

B: Na – na – nana – nein!

A: Aber?

B: Ich fahr fort …

A: Fort!

B: Ja, a bissl – fort halt.

A: Wohin?

B: Bahli!

A: Balli?

B: Ja – Balli!

A: Direkt – Balli?

B: Möglich – schon möglich!

A: Balli! Da is' warm!

B: Ja – doch!

A: Ziemlich warm. Direkt heiß!

B: Hmmm – ja.

A: Also dann, viel Spaß!

B: Danke. Genau. – Also – Servus.

A: Servus.

(Zwei Wochen später)

A: Griaß de!

B: Servus!

A: Und? Balli?

B: Ja mei …

A: Wie war's?

B: Doch! Mei? Schon!

A: War's warm?

B: Ja, schon …

A: Und sonst?

B: Mei – was soll ma sagen?

A: Is' eine Insel?

B: Freilich! Sowieso!

A: Ja, ja – Balli!!

B: Genau! Na ja, Gott sei Dank! – Hamma des auch wieder.

A ohne B

Wir Deutsche, wir bremsen uns viel zu sehr. Bitte, geben Sie ihrem Hund einmal ein Fußtritt. Da ham Sie gleich wieder diese Tierschützer am Hals, für die ist doch ein Silberfisch auch schon ein Haustier. Und jetzt stellen Sie sich vor, Sie hätten wie weiland diese Römer einen Sklaven, der nicht gehorcht, geben ihm einen Tritt, und dann ham Sie wieder diese Tierschützer am Hals. Obwohl des diese Tierschützer einen Dreck angeht. Weil meines Erachtens ist doch ein Sklave immer noch ein Mensch.

Alis Beerdigung

A: Und, wie war die Beerdigung?

B: Schön – eigentlich – ruhig …

A: Und – waren Leute da?

B: Nein, also – schon – äh – wenige – vereinzelt welche.

A: Na ja, er hat schon seit Jahren nicht mehr viele Kontakte gepflegt.

B: An ihm lag's nicht – er ist mehr vereinsamt.

A: Wieso?

B: Weil der Ali – ich mein, er hatte selber nie etwas gegen Leute, die kein Geld verdienen.

A: Früher hatte er ja auch keins …

B: Stimmt, ganz früher – aber der zunehmende finanzielle Abstand zu seinem Freundeskreis hat ihn förmlich isoliert.

A: Er war aber immer spendabel – großzügig.

Deine Gläubiger
Dem Arschloch das mir noch
2000 DM schuldet

B: Schon, aber man kann seine Freunde nicht immer einladen und ständig in seinem Pool planschen lassen.

A: Ja, sicher – das stimmt. Ich bin auch schon öfter von ihm eingeladen worden – aber auf die Dauer ist mir seine Großzügigkeit auf den Zacken gegangen.

B: Eben, man kann sich bei einem Menschen, der derartig Geld scheffelt, nicht revanchieren.

A: Ich habe ihm einmal einen Wein mitgebracht, aber – wie der den Wein gemustert hat – so …

B: … misstrauisch.

A: Genau, ein guter Wein – wirklich. Ich wollt mich nicht lumpen lassen, weil er mir 10 000 Mark geliehen hat. Aber wie der den Wein angeschaut hat – da hab ich ein schlechtes Gewissen bekommen.

B: So war er – und er war aber auch sehr sensibel,

bevor er unsereins als – sagen wir – Parasiten betrachtet, hat er dann lieber den Kontakt mit uns gemieden.

A: Ich war auch froh – diese ständige Sponserei, die nervt.

B: Und durch das Geld ist er auch in andere Kreise rein …

A: Multimill … oder Milliardäre.

B: Genau, und die Beerdigung war aber …

A: Feuerbestattung – keine Reden. Und es war keiner da – ich halt und ein ehemaliger Chauffeur von ihm.

B: Und die Millionäre …

A: Nein, keiner. Die sind irgendwo halt in der Welt – oder auf einer Yacht. Am Friedhof sind die selten.

Darüber reden

A: Und, waren Sie beim Herrn Tektonidis?

B: Ja …

A: Und? Haben Sie mit ihm das Gespräch geführt?

B: Ja …

A: Und? Was sagte er?

B: Nichts.

A: Ja aber, Sie haben mit ihm geredet …

B: Ja freilich.

A: Ja, und was sagt er denn dann?

B: Ja, er sagt – dass er sich dazu überhaupt nicht äußern will …

A: Und Sie haben aber?

B: Ja, ich habe länger mit ihm gesprochen.

A: Aha – und er – äh …

B: Hat nichts dazu gesagt …

A: Nichts?

B: Nein, nichts. Weil er sagt – er will nichts – irgendwie …

A: Aha. Und haben Sie ihm gesagt – dass Sie eventuell noch mal mit ihm reden?

B: Ja …

A: Und?

B: Er hat gesagt: »*No comment.*«

A: Aha – ja, und wäre er nochmals zu einem Gespräch mit Ihnen bereit?

B: Ja, er sagt jederzeit.

A: Und wenn er dann wieder nichts sagt?

B: Ja, ich fürchte – dann müssen wir wieder mit ihm reden.

Gegen Hitler

A: Ich bin ja selber auch gegen den Hitler – keine Diskussion…

B: Aber?

A: Nein, aber das Kind – der Bub ist vielleicht sechs Jahre alt. Wenn der sagt, der Hitler ist ein Verbrecher – ich mein, das kann man ja sagen, aber mit sechs Jahren weiß er es ja eigentlich nicht…

B: Aber – und?

A: Wenn er zwölf ist, dann vielleicht ist er als Kind glaubwürdig mit so einer Behauptung.

B: Aber der Bub ist halt erst sechs…

A: Drum sag ich's ja, mit sechs schon gegen Hitler…

B: Ist das Ihrer Meinung verfrüht?

A: Nein – oder doch, weil man sieht ja – er ist gegen den Hitler und so, obwohl der ja schon lange nicht mehr lebt.

AUSCHWITZ
BIRKENAU

B: Ja, aber mit sechs Jahren …

A: Eben: Der Bub kennt ja den Hitler gar nicht und noch nicht einmal die Schandverträge von Versailles und so …

B: Hintergründe …

A: Mit sechs Jahren – die fangen sonst schon an über den Holocaust zu diskutieren. Das kommt vom Fernseher – die informieren einen heute, und es ist ihnen scheißegal, wie alt man ist …

Dominikanische Republik

A: Und? Wie schaut's aus?

B: Na ja, ich komme grade von einer Beerdigung!

A: Aha!

B: Ja, der Bruder des Vaters von meiner Frau …

A: Onkel!

B: Ja, Onkel!

A: Und sonst?

B: Wie sonst?

A: Wie geht's sonst? Ich meine – selber?

B: Na ja, unsere Tochter …

A: Die Jessica?

B: … hatte einen schweren Autounfall.

A: Mit dem Auto?

B: Ja sicher …

A: Es ist immer dasselbe. Wir fahren jetzt übrigens wieder in die Dominikanische Republik.

B: So? Ja, und der, der ihr reingefahren ist – äh …

A: Da kann man jetzt noch baden!

B: Ja, das glaub ich – jedenfalls, der andere Fahrer …

A: Der Kontrahent?

B: Genau! Der …

A: Übermorgen geht's los!

B: Viel Spaß!

A: Und Grüße auch an Ihre Mutter.

B: Die ist gestorben …

A: Ach! Jetzt?

B: Vor einem Monat. Haben Sie die Karte nicht …?

A: Ja, schade, da war ich nicht da – weil, ich bin viel weg – weil ich schon wieder unterwegs bin.

B: Ja, das kann ich mir denken!

A: Wenn ich zurück bin, dann ...

B: ... melden Sie sich.

A: Genau! Entscheidend ist, wir bleiben in Kontakt.

B: Sowieso! Übrigens, haben Sie's gehört, der Leipner hat sich erschossen!

A: Sehen Sie! Der Dr. Leipner!

B: Ja, der!

A: Der war doch auch schon mal in der Dominikanischen Republik.

B: Die ganze Familie ist vollkommen ...

A: Jetzt weiß ich nicht – war's vor zwei, oder war's voriges Jahr?

B: Hm?

A: Jedenfalls ist das noch lange kein Grund, sich zu erschießen, stimmt's?!

GERHARD POLT BEI KEIN & ABER

BÜCHER

Drecksbagage

ISBN 978-3-0369-5517-9

Hundskrüppel – Lehrjahre eines Übeltäters

ISBN 978-3-0369-5120-1

Circus Maximus

ISBN 978-3-0369-5101-0

Nikolausi

(mit Hanns Christian Müller)

IBSN 978-3-0369-5107-2

Im Schatten der Gans

ISBN 978-3-0369-5160-5

Da fahren wir nimmer hin - Urlaubsimpressionen

(mit Hanns Christian Müller)

ISBN 978-3-0369-5111-9

RECORDS

Eine menschliche Sau

ISBN 978-3-0369-1232-5

Geht in Ordnung – sowieso – ja mei

(mit Eckhard Henscheid)

ISBN 978-3-0369-1229-5

Hundskrüppel – Lehrjahre eines Übeltäters

ISBN 978-3-0369-1223-3

Kinderdämmerung

(mit Matthias Beltz, Axel Milberg, Gisela Schneeberger u. a.)

ISBN 978-3-0369-1212-7

Die ganze Welt und überhaupt

(mit Otto Grünmandl)

ISBN 978-3-0369-1106-9

Der unbekannte Valentin
(mit Gisela Schneeberger und der Biermöslblosn)
ISBN 978-3-0369-1118-2

Abfent, Abfent …!
ISBN 978-3-0369-1205-9

Und wer zahlt's?
ISBN 978-3-906547-36-7

Attacke auf Geistesmensch
ISBN 978-3-906547-73-2

Der Standort Deutschland
ISBN 978-3-0369-1500-5

Rafael Schmitz der Pommfritz
ISBN 978-3-906547-50-3

DVDs

Fast wia im richtigen Leben
(mit Gisela Schneeberger)
ISBN 978-3-03691220-2

Auf der Bühne I
ISBN 978-3-0369-1235-6

Auf der Bühne II
ISBN 978-3-0369-1236-3

Gerhard Polt – Ein Portrait von Ute Casper
ISBN 978-3-0369-1234-9